NOTICE HISTORIQUE

DE LA

CATHÉDRALE

DE

CLERMONT-FERRAND,

PAR H. GONOD,

... historique au Collège royal, Bibliothécaire de la ville, Vice-Président
... l'académie royale des sciences, arts et belles-lettres de Clermont.

CLERMONT,

IMPRIMERIE DE THIBAUD-LANDRIOT, LIBRAIRE

...

1838.

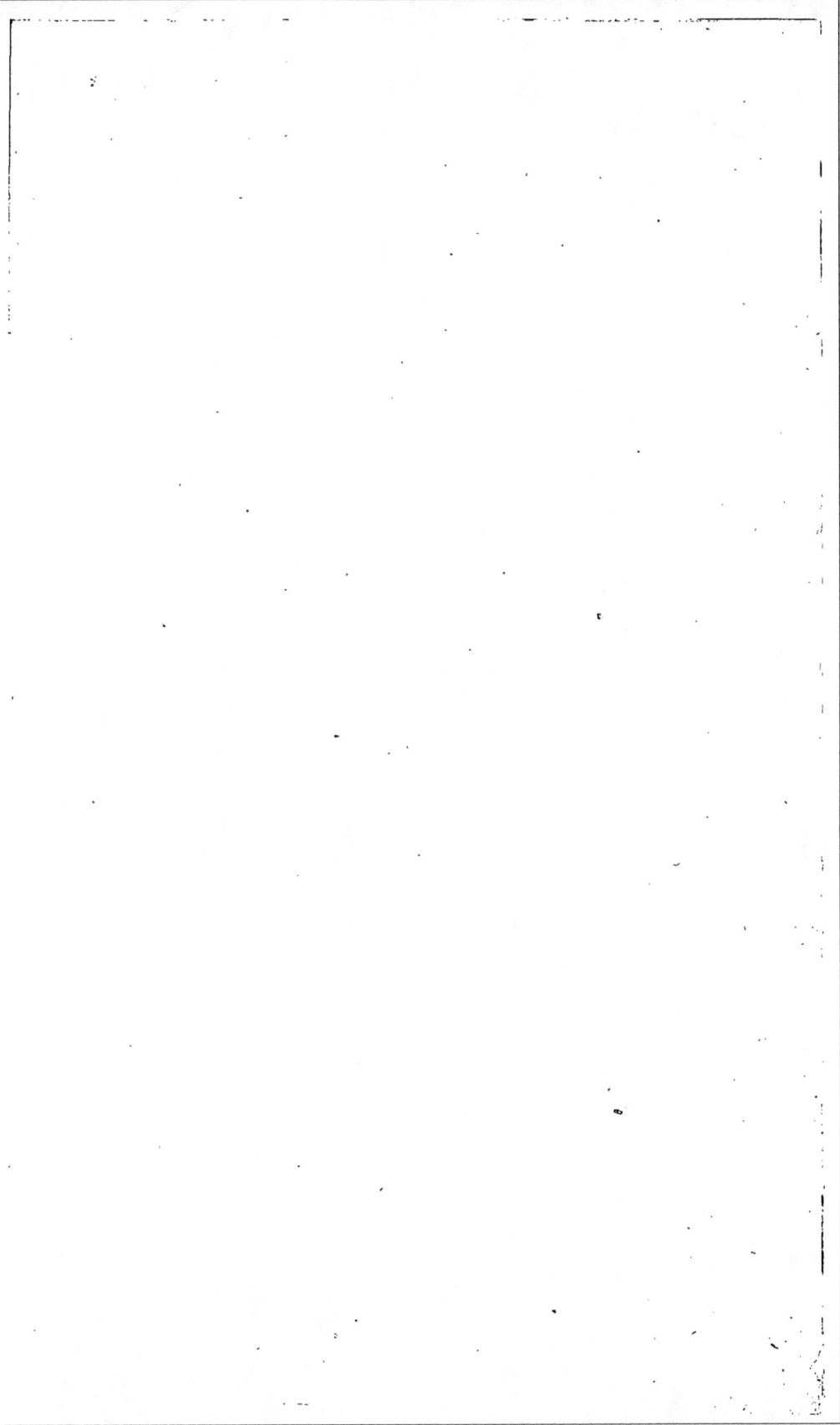

NOTICE HISTORIQUE

DE LA

CATHÉDRALE

DE

CLERMONT-FERRAND,

Par B. GONOD,

Professeur de rhétorique au Collége royal ; Bibliothécaire de la ville ; Vice-Président de l'Académie royale des sciences, arts et belles-lettres de Clermont.

CLERMONT,

IMPRIMERIE DE THIBAUD-LANDRIOT, LIBRAIRE,

Rue St-Genès, n° 8.

—

1839.

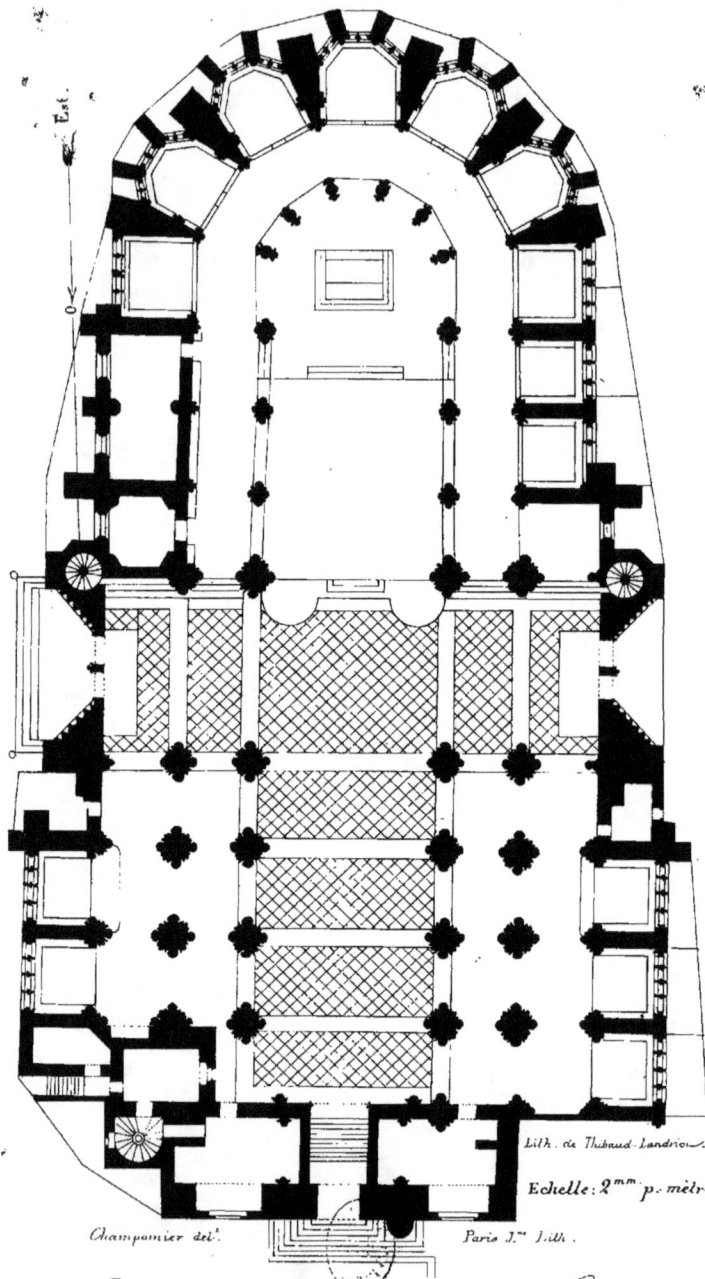

Est.

Lith. de Thibaud Landriot.

Echelle: 2ᵐᵐ p. mètre.

Champomier del.

Paris Jᵐ Lith.

Plan de la Cathédrale de Clermont-Fᵈ

NOTICE HISTORIQUE

DE LA

CATHÉDRALE DE CLERMONT.

Quand, au sortir de nos humbles habita-
tions, nous entrons, pour la première fois
surtout, dans une de ces imposantes basili-
ques que la religion et l'art, alors qu'ils s'ins-
piraient mutuellement, ont élevées à la Divi-
nité, et consacrées à son culte, nous ne
pouvons nous défendre d'une espèce de sai-
sissement : la cause en est aisée à trouver.

Ces colonnes gigantesques, ces voûtes qui
semblent toucher aux nues, cette immensité
où nous sommes plongés, cette antiquité vé-
nérable inscrite sur les murs qui nous envi-
ronnent, la présence du Dieu que notre ima-
gination s'y représente ; ajoutons : ou le si-
lence de la solitude, ou le pieux recueille-
ment d'une foule attentive et respectueuse ;
tout nous avertit de notre faiblesse, de la
fragilité de notre existence ; tout nous porte
à nous replier sur nous-mêmes, et nous pé-
nètre d'une sainte et religieuse terreur.

Si, d'un autre côté, nous venons à réfléchir , et à considérer que c'est là le fruit du génie de l'homme , le résultat du concours de mille et mille volontés mues par un même sentiment , nous subissons d'autres impressions , entre lesquelles l'admiration domine ; et ces impressions diverses ne sont pas sans charme.

A ces premiers sentiments succède bientôt celui de la curiosité. Quelles sont les mains qui ont dressé ces colonnes , suspendu ces voûtes ? Quel génie conçut cet ensemble, embrassa ces mille détails , créa ces ornements, combina ces harmonies, ménagea ces effets ? Dans ce temple , tout nous intéresse ; nous voulons savoir sa naissance, ses progrès, ses vicissitudes. C'est que tous ces détails prolongeront les sensations produites par les premières impressions.

C'est là , sans doute, ce qui a fait écrire l'histoire des monuments , comme on a écrit celle des hommes célèbres. D'ailleurs , eux aussi se mêlent à l'histoire des sociétés , et témoignent des sentiments et des passions humaines.

Pour celui qui intéresse le plus la ville de Clermont, et tout le pays dont elle est la capitale, l'histoire en a été ébauchée plutôt qu'écrite, au xviie siècle, par Savaron (1607)

et Dufraisse (1688); je dis ébauchée, parce
que cette histoire n'était qu'un objet très-
accessoire dans les ouvrages de ces deux au-
teurs. En 1836, M. Thévenot, l'un des se-
crétaires de l'Académie de Clermont, en a
publié, dans les *Annales de l'Auvergne*, t. IX,
une Notice où il s'occupe particulièrement
des vitraux et de leur restauration ; notice
pleine d'intérêt, mais trop courte aux yeux
des lecteurs. On en trouve aussi une Notice
architectonique fort exacte, par M. J. Re-
nouvier, dans le *Bulletin monumental*, t. III
(1837). Je ne me suis permis de revenir sur ce
sujet, que parce que je me propose de le
traiter sous un autre point de vue, et que
j'espère aussi produire quelques détails nouveaux ou peu connus. On me pardonnera
néanmoins de répéter des choses qui ont été
dites, et qui sont parfaitement connues. C'est
la nécessité de mon sujet, comme de toute
histoire.

La Cathédrale de Clermont est construite
au point culminant du monticule sur lequel
la ville est assise ; et, de presque tous les
côtés, elle la signale au voyageur, à plusieurs
lieues de distance.

Au milieu du troisième siècle, époque où le christianisme pénétra en Auvergne, cet emplacement était, à ce qu'on croit, celui de la maison de ville du sénateur Cassius, qui, guéri d'une lèpre par S. Austremoine, fut l'un des premiers convertis à la foi chrétienne, et l'un de ses plus zélés protecteurs.

Cette maison servit d'abord de retraite aux premiers chrétiens d'Auvergne, et paraît même avoir été convertie en une église, qui fut consacrée à la Sainte Vierge et à saint Laurent. Elle fut appelée *Mater ecclesia, Ecclesia beatæ Virginis;* et a porté aussi le nom de saint Austremoine, premier apôtre de l'Auvergne.

Cette église tomba-t-elle de vétusté, ou fut-elle détruite dans les irruptions des Barbares? c'est ce que l'on ignore; mais, deux siècles plus tard, S. Namace, neuvième évêque d'Auvergne, fit construire une église cathédrale, que Grégoire de Tours désigne comme la plus ancienne de Clermont, au temps où il écrivait, c'est-à-dire, près d'un siècle et demi après sa fondation, et dont il donne une description assez complète (1).

---

(1) *Hist. Franc.* II, 16.

A cette époque, le christianisme avait déjà fait de grands progrès en Auvergne. On pouvait mettre plus de grandeur, plus de solidité et plus de luxe dans les constructions de ce genre.

Le nouvel édifice eut 150 pieds de long, 60 pieds de large, et, dans la nef, 50 pieds, du pavé jusqu'à la voûte.

Le pied dont parle Grégoire de Tours était vraisemblablement le pied romain ; il faut déduire un douzième environ des dimensions qu'il donne, pour les rapporter à notre pied de roi. Cette réduction donnera, en mesures métriques, pour la longueur de l'édifice, 44^{m}37^c, pour la largeur, 17^{m}75, et 14^{m}79, pour la hauteur. Ce sont, à peu de chose près, les dimensions de l'église actuelle du Port (1).

Son plan général offrait une croix terminée, vers l'orient, par une abside circulaire, ayant sur ses flancs deux ailes d'un travail fort élégant. Elle avait 42 fenêtres, 70 colonnes et 8 portes.

Les parois du sanctuaire étaient revêtues de mosaïques et de marbre de diverses cou-

---

(1) N.-D. du Port a, dans œuvre, 46 m. 50 de longueur, et 14 mètres de largeur; murs compris, elle a 49 m. sur 16. (Mallay, *Essai sur les égl. rom.*, p 4.)

leurs. Il fallut douze ans pour la construire.
Le prélat, pour y attirer un plus grand nombre de fidèles, y exposa les reliques de saint
Agricole et de saint Vital, qu'il fit venir de la
ville de Bologne (1). Cette église est souvent
désignée par les noms de ces saints. Il paraît
toutefois que, du temps de saint Bonet (vers
l'an 689), elle portait aussi le nom de saint
Laurent (2).

Fut-elle bâtie des débris du temple de
Wasso, comme on l'a écrit dans ces derniers
temps (3)? C'est une conjecture qu'il serait
impossible d'appuyer d'aucune preuve.

On croit que cette église périt trois siècles
après sa fondation (l'an 761), lorsque Pepin,
poursuivant Waïfre, duc d'Aquitaine, in-
cendia et ruina la ville de Clermont.

Les fréquentes incursions des Danois et des
Normands qui suivirent, ne permirent vraisemblablement pas de la reconstruire de sitôt.
On ne la voit renaître que vers le commencement du xᵉ siècle, où elle fut consacrée par
l'évêque Étienne II, le 2 juin 946 (4). Mais

---

(1) Greg. Tur. *de Glor. Mart.* 44.
(2) Savar. *de Eccles.* I, n. 1.
(3) Dul. *Descrip. de l'Auv.*, p. 192 ; Bouill. *Guide du voy.*,
p. 23.
(4) Dufr. *Orig. des égl.*, p. 486.

on n'a aucun document précis sur la date ni sur l'auteur de sa reconstruction. Il paraît toutefois que sa structure ne manquait pas d'élégance, puisqu'au commencement du XIe siècle (1010), le roi Robert-le-Pieux voulut qu'on la prît pour modèle de celle qu'il faisait construire à Orléans, en l'honneur de saint Agnan (1).

L'anonyme qui a composé la Notice des églises de Clermont, au Xe siècle, notice plus tard publiée et commentée par le docte Savaron, nous apprend que cette église, qu'il appelle *Mater ecclesia*, renfermait sept autels : le premier, dédié à sainte Marie; le second, à saint Agricole et saint Vital; le troisième, à la sainte Croix; le quatrième, à saint Gervais; le cinquième, à saint Jean-Baptiste; le sixième, à saint Julien, martyr; et le septième, au saint Ange, c'est-à-dire, à saint Michel, selon Savaron (2).

C'est cette antique église qui reçut avec le pape Urbain II, les Pères du célèbre concile de 1095. Ses voûtes retentirent des foudres de l'excommunication lancée contre le roi Phi-

---

(1) *Helgald. Epit.*, *apud Scrip. rer. Fr.*, tom. X, p. 110.
(2) *De Eccl.*, part. 1, n. 1.

lippe Ier (1), ravisseur de Bertrade, femme
du comte d'Anjou. Mais ce fut sur une place
remarquable par son étendue (2), que la voix
éloquente de l'ermite Pierre et d'Urbain II
provoqua ces cris de *Dieu le veut ! Dieu le
veut !* bientôt après répétés par les échos de
Jérusalem (3).

De cette antique construction, subsistent
encore les deux lourdes tours qui, depuis
plus de onze siècles, bravent le courroux des
impétueux vents de l'ouest, le surplus ayant
été démoli à mesure qu'on bâtissait le vais-
seau actuel dont il me reste à parler.

DESCRIPTION GÉNÉRALE.

Cet édifice, l'un des plus grands et des plus
somptueux que le moyen-âge ait légués à la
France, n'est point encore achevé du côté de
l'ouest, et, depuis près de six siècles, il at-
tend encore la construction d'une travée de
plus, et de la façade principale, où devaient

---

(1) Philippe était alors à Mauzac, près Riom, si on en juge par
un diplôme daté de ce lieu, qu'on peut voir *Bibl. Clun.*, p. 533.

(2) *In quâdam spatiosœ latitudinis plateâ....* Roberti monachi
Hist. Hierol. V. *Gesta Dei per Francos*, I, p. 31.

(3) Fulcher., l. 1, c. 18.

s'ouvrir trois grands portiques sous des voussures ogives, et qu'auraient couronnées deux tours de 150 pieds d'élévation, séparées par une immense galerie à 100 pieds au-dessus du sol.

On peut imaginer plutôt que dire l'effet de cette masse grandiose, vue du bas de la rue inclinée qui y aurait conduit, convenablement élargie.

Pour jouir de la perspective intérieure, il faut entrer par la porte occidentale, et se placer sous l'orgue. De ce point, l'œil suivra avec complaisance ces faisceaux de colonnes qui, à la naissance des voûtes, se divisent et se ramifient, pour soutenir la voûte à plus de 90 pieds au-dessus du sol.

Le chœur apparaît, dans le lointain, exhaussé de quatre degrés au-dessus du pavé de la nef, et terminé par une abside semi-circulaire qui attire et fixe les regards, comme une immense mosaïque transparente. Cette abside se développe en demi-coupole qui vient appuyer son front contre la voûte du chœur, et semble tout aérienne, ne touchant à la terre que par de légères colonnes qu'on aperçoit à peine.

Malgré les vitres blanches que la nécessité a forcé de substituer, en beaucoup d'endroits, aux antiques vitraux, on peut encore, par ce qui subsiste, se faire une idée des magnifiques effets de la lumière projetée sur les murs, sur le pavé, sur la voûte elle-même, lorsqu'elle n'avait d'accès en cette enceinte, que filtrée, divisée, réfractée par ces merveilleuses verrières.

En avançant jusqu'au transept, au pied du chœur, on admirera encore les deux roses qui couronnent les deux portiques du nord et du midi.

Le plan général de la nef devait offrir un parallélogramme allongé ; mais ce plan n'ayant pas reçu une exécution complète, il ne présente aujourd'hui qu'un carré régulier de 100 pieds de côté, dont la partie voisine du chœur, et dans la direction des deux portes latérales, est dégagée de toute colonne, pour former une espèce de transept ou croisée.

La partie inférieure se trouve divisée par quatre rangées de colonnes, en cinq nefs : celle du milieu, par sa largeur et son élévation, semble continuer le chœur jusqu'à la porte principale ; elle offre, dans tout son pourtour, une galerie qui se continue dans la croisée et dans le chœur, où les balustres, les colonnettes, les ogives s'entrelaçant, se découpent agréablement pour l'œil du spectateur. Les nefs collatérales sont moins larges, moins élevées ; mais fort gracieuses dans leurs élégantes proportions.

Par delà les nefs collatérales, au nord et au midi, sont adossées aux murs principaux les chapelles destinées au service de la paroisse. Au nord, le maître-autel ; au midi, et vis-à-vis de ce dernier, la chapelle de saint Jean ; plus bas, celle de saint Joseph, avec cette inscription : *Quod Deus conjunxit, homo non separet* : c'est la chapelle où l'on bénit les mariages. Les fonts sont placés dans la troisième.

Remontons vers le chœur ; ses bas-côtés sont entourés de chapelles, autrefois au nombre de treize : celle du fond ou du chevet était consacrée à saint Jean-Baptiste ; puis venaient, à gauche, 1°. celle de sainte Marie Magdeleine, et des SS. Agricole et Vital ; 2°. celles de saint Austremoine ; 3°. de saint Georges ; 4°. de sainte Catherine ; 5°. de saint Martin ; 6°. de saint Eustache, et, dans la nef, saint Etienne. A droite, était d'abord celle de saint Bonet ; la suivante était consacrée à sainte Anne et saint Jacques ; la 3e, à sainte Foi et sainte Marguerite ; la 4e, à sainte Agathe ; la 5e, à saint Artème ; la 6e, aux apôtres saint Pierre et saint Paul ; puis, dans la nef, celles

de sainte Catherine, de saint Julien et de sainte
Barbe (1).

Depuis long-temps les trois chapelles du
nord, dédiées à sainte Catherine, saint Martin et saint Eustache, ont été occupées par la
grande sacristie du chapitre, et par le sanctuaire ou *Sancta sanctorum*, où étaient dépo-
sées les reliques des saints, et les vases et ornements.

Aujourd'hui (2) l'autel du fond est dédié à
saint Pierre, et le premier à gauche est consacré à saint Artème; le second, à sainte Catherine; le troisième, à Notre-Dame-de-Miséricorde. A droite, on trouve d'abord Notre-
Dame-de-Pitié, puis Notre-Dame-de-Bonne-
Mort, saint Antoine, saint Joseph, saint Crépin et Notre-Dame-d'Août.

Il est remarquable que, dans les dix-sept
chapelles anciennes, il n'y en avait aucune
de consacrée à la Sainte Vierge. Aujourd'hui,

---

(1) Ces détails sont pris dans la *Canone*, manuscrit compilé
en 1291, qui contient un calendrier, un nécrologe, les serments
que devaient prêter les évêques, les chanoines, et tous les officiers
de l'Eglise, et les statuts du Chapitre. Ce manuscrit est encore
dans la bibliothèque du Chapitre. Je crois les indications qu'il
donne plus exactes que celles qu'on trouve dans Dufraisse, p. 503.
Cet auteur est souvent en défaut.

(2) Depuis 1795.

dans les dix du chœur, il y en a jusques à quatre. D'un autre côté, saint Crépin paraît avoir usurpé les droits de saint Austremoine, l'apôtre de l'Auvergne.

Aux pieds du chœur, sont deux autels récemment construits.

Sur la même ligne, et aux extrémités du transept, se trouvaient autrefois deux autels ; l'un, au nord, consacré au Saint-Esprit, et appuyé au *Sancta sanctorum* ; l'autre, au midi, dédié à saint Michel, et appuyé à la chapelle actuelle de Notre-Dame-d'Août, qui était jadis la chapelle paroissiale.

L'autel du Saint-Esprit était un sarcophage antique, d'un seul bloc de marbre, orné de bas reliefs, dont on trouve la description dans Dulaure (1) et dans Delarbre (2). Il a été transporté aux Carmes-Déchaux, où il sert encore au même usage.

Au-dessus de cet autel était une horloge qui subsiste encore, et qu'on appelle les *Jacquemarts*, à cause de deux figures représentant, l'une, le dieu Sylvain ; l'autre, le dieu Faune, armés chacun d'un marteau dont ils frappent alternativement un timbre placé en

(1) *Descript. de l'Auv.*, p. 201.
(2) *Notice sur l'anc. royaume des Auvergnats*, p. 65.

guise de *Pileus*, sur la tête d'un vieillard assis au milieu d'eux, et qui représente le Temps. Cette horloge fut apportée d'Issoire, en 1577, à l'époque du siége de cette ville.

Sous les antiques tours de l'occident, sont, au sud, la sacristie de la cure; au nord, le vestiaire des chanoines.

Avant de sortir de l'église, il faut examiner les vitraux. Transportons-nous devant la chapelle de saint Georges (aujourd'hui Notre-Dame-de-Miséricorde), dont le vitrail, horriblement maltraité par la grêle du 28 juillet 1835, a été habilement restauré, en 1837, par MM. Emile Thibaud et Thévenot, et peut donner une idée de la splendeur et de l'effet de ce genre de décoration pour nos cathédrales gothiques.

« La croisée est divisée en quatre croisillons, séparés par trois meneaux, et terminés en ogive : chaque croisillon contient six panneaux de 87 centimètres de large, sur 66 de haut (environ 2 pieds 8 pouces, sur 2 pieds); chaque panneau renferme un trait de la vie du saint, son martyre, ses miracles et son apothéose. Les amortissements de la croisée contiennent trois rosaces, autour desquelles serpentent d'admirables nervures. La grande rose du milieu représente saint Georges armé de toutes pièces, et revêtu de la tunique blanche, à la grande croix rouge des chevaliers croisés. Le cheval est entièrement caparaçonné de blanc avec des croix rouges. Les six découpures de la rose contiennent chacune un portrait : celui du bas peut être celui de saint Louis (1). » Les huit panneaux inférieurs sont en verre blanc.

La chapelle voisine, autrefois consacrée à saint Austremoine, n'est ni moins riche ni moins brillante. Là, soixante tableaux particuliers retraçaient la légende de l'apôtre de l'Auvergne. Tout le flanc gauche avait été mutilé comme le précédent. Il a été restauré par les mêmes mains et avec la même habileté. Les douze tableaux inférieurs sont remplacés par des verres blancs.

Nous passons ensuite devant la chapelle jadis consacrée à sainte Magdeleine et aux saints Agricole et Vital. Il est aisé d'y reconnaître la légende de sainte Magdeleine ; mais elle est incomplète, et l'on a fait disparaître également les tableaux inférieurs, pour éclairer la chapelle.

La chapelle du fond ou de saint Jean a plus

---

(1) *De la peinture sur verre*, par E. Thibaud, 1835, p. 19. Et *Annales d'Auvergne*, tom. VIII, p. 683.

2

souffert. Des soixante tableaux qu'elle devait offrir, il n'en reste que trente-six, et six d'entre eux appartiennent à la légende de sainte Magdeleine : les autres retracent quelques scènes de la vie de Jésus-Christ. Ici, le vitrail a pour fond une mosaïque losangée, formée de fleurs de lis d'or, et de tours également d'or, sur un fond rouge. Ce blason était celui de France et de Castille.

Dans toutes les chapelles que nous trouverons à droite de celle-là, la confusion est grande : les ouvriers chargés des réparations ont entremêlé, comme au hasard, les panneaux appartenant à diverses légendes.

Néanmoins, dans chaque chapelle, on retrouve encore quelques panneaux où sont inscrits les noms des saints ou saintes à qui elles étaient consacrées.

A partir de la troisième chapelle, les vitraux paraissent plus modernes, et même les débris de la sixième offrent un sujet tout profane : on y voit un Mercure armé de son caducée, et tous les détails qu'ils présentent font voir qu'ils n'étaient point destinés à un édifice religieux.

A l'extérieur, ce qui attire le plus l'attention, c'est la galerie qui règne au-dessous de la grande rose du nord, et la corniche qui supporte cette galerie.

Ici, sont découpés douze médaillons où
sont habilement sculptés douze sujets analo-
gues entre eux, mais qui, au premier coup
d'œil, semblent fort déplacés dans un pareil
édifice. Les plus curieux sont le second (en
allant de gauche à droite), où est représentée
une femme accroupie, *utráque manu aperiens
vulvam*, et le neuvième, où un singe armé
d'un bâton est à cheval sur un âne.

Le huitième offre un éléphant chargé d'une
tour où quatre hommes sont renfermés.

La corniche offre plusieurs personnages
grotesquement affublés de mîtres, de capu-
chons surmontés de cornes, ou des figures
à longues oreilles. M. Thévenot croit que
c'est une représentation de la fête des fous,
si populaire et si célèbre aux xII^e et xIII°
siècles.

Au-dessous de ces sculptures, et dans le
tympan du portail, on voit encore quelques
figures allégoriques, qui ont un peu souffert
du vandalisme de 1794.

Au-dessus d'une des tours de la façade sep-
tentrionale, appelée *Bayette*, est l'horloge de
la ville. Elle fut faite premièrement, en 1407,
par un horloger de Rouen, qui demeurait à
Cusset, nommé Michel Ardoing ; en 1606,
on y replaça un nouveau mécanisme. Enfin,

l'horloge actuelle a été faite à Moret, en Franche-Comté, et placée en 1823.

Pour bien voir l'ensemble de cet imposant édifice, à l'extérieur, il faut se placer à quelque distance au sud-est ; on en trouvera le chevet admirable ; et si un brillant soleil l'éclaire, si ses rayons viennent se jouer entre les arcs-boutants, et se mêler aux ombres qu'ils projettent, on sera enchanté de cette perspective ; mais un spectacle bien plus curieux, c'est celui qu'il offre, durant une pluie d'orage abondante, lorsque, de ses lancières aériennes, jaillissent mille cascades aux flots vaporeux et argentés, qui le convertissent momentanément en un colossal et immense château d'eau.

Que si l'on veut jouir de l'un des plus magnifiques panoramas qui soient au monde, il faut monter sur la terrasse la plus élevée ; de là, l'œil planera, d'un côté, sur la Limagne ; de l'autre, sur les montagnes et collines qui forment amphithéâtre à l'ouest ; il embrassera un horizon immense et varié, dont la plume ou le pinceau donneraient difficilement l'idée.

Pour satisfaire la curiosité de quelques lecteurs, je donnerai ici les dimensions exactes des principales parties de l'édifice.

	picds.	pouc.	mètr.	cent.
Longueur totale de l'édifice, murs et contreforts de l'est compris. . .	246	3	80	00
— — dans œuvre, depuis l'extrémité du chœur, jusqu'à celle de la nef, sous l'orgue.	215	5	70	00
— du chœur, bas-côtés et chapelles compris.	107	8	35	00
— — seul.	79	11	26	00
— de la nef, porche compris.	123	1	40	00
— — seule.	107	8	35	00
Largeur du chœur, bas-côtés et chapelles comprises.	80	6	26	00
— — seul (entre piliers). . . .	32	6	10	50
— de la nef, avant-portes comprises. . .	126	7	41	00
— — entre les deux portes, N. et S.	98	6	32	00
Hauteur du pavé à la voûte de la nef . . .	88	6	28	70
— — aux voûtes des collatéraux. .	44	0	14	30
Epaisseur de la voûte.	2	6	0	80
Hauteur de la charpente, de la voûte à la crête.	33	6	10	90
Hauteur du clocher, cloche de l'horloge au-dessus du sol.	156?		50	70

Le grand axe du plan est dirigé de l'ouest à l'est, de telle sorte que le petit axe fait avec la méridienne un angle de trois degrés, la face déclinant à l'ouest.

HISTORIQUE.

C'est à tort que Papire Masson (1) rapporte l'origine de la cathédrale de Clermont à Urbain II, et en fait honneur à la munificence de ce pape. Il ne dit pas toutefois, comme on

---

(1) Sed Arvernum municipium Urbani beneficio non caret. Templum enim virginis in eo jussu ejus exædificatum magnificentissimum Arvernorum.... Pap. Masso, *de Episc. urbis qui rom. eccles. rexerunt.* Paris, 1586, lib. VI, f° 189.

le lui a prêté (1), qu'il y ait consacré les fonds restant de la croisade.

L'assertion de Papire Masson ne repose sur aucun témoignage ; elle est, au contraire, démentie, d'abord par l'architecture, dont le caractère n'est point celui de cette époque, ensuite, par des preuves positives. En 1400, on trouva dans un tombeau placé devant la porte de l'église une inscription (2) qui attestait que cet édifice avait été construit sur les plans de Jean Deschamps (*Joannes de Campis*), et commencé en 1248.

Ce fut en cette année que Hugues de la Tour, 61e évêque, en posa la première pierre, avant son départ pour la croisade, lequel eut lieu du port d'Aigues-Mortes, le 25 août 1248. Il n'eut pas la satisfaction d'en voir poursuivre les travaux ; car il mourut outre mer, le 29 décembre 1249. Mais il a eu le mérite d'avoir préparé ce monument, pour lequel il obtint du pape Innocent IV (3) une bulle à l'aide de laquelle il réunit les premiers fonds nécessaires à cette vaste entreprise.

---

(1) Dufr., p. 498. Audig. 194.

(2) Rapportée par Dufraisse, p. 505, et par Delarbre, *Notice*, p. 139.

(3) V. la bulle d'Urbain IV.

Elle prit un accroissement considérable sous son successeur et neveu, Gui de la Tour, qui obtint une seconde bulle, en faveur de son église, du pape Alexandre IV (1), et trouva d'utiles auxiliaires dans le zèle et les libéralités des chanoines de son chapitre, composé, en ce temps-là, des plus nobles et des plus riches familles de la province (2).

Bientôt le mariage de Philippe-le-Hardi avec Isabelle d'Arragon, célébré à Clermont le 28 mai 1262, y amena saint Louis accompagné de presque toute la noblesse du royaume, et les dons des princes et des seigneurs durent être considérables. Suivant une tradition rapportée par M. Thévenot (3), saint Louis aurait donné 12,000 liv., somme égale à celle qu'il donnait en dot à ses filles. Ce qui pourrait rendre cette tradition suspecte, c'est l'énormité de la somme, qui équivaudrait aujourd'hui à plus de 1,320,000 francs (4).

---

(1) V. la bulle d'Urbain IV.
(2) Dufr., p. 497.
(3) *Annales d'Auvergne*, 1836, p. 18.
(4) On a écrit que c'était à son premier passage à Clermont, en 1254, au retour de la Terre-Sainte, que S. Louis avait donné une somme considérable (Bouillet, p. 24). Cette assertion a peu de vraisemblance; car à cette époque, son trésor était épuisé par les malheureux résultats de son expédition A son passage en Auver-

L'année suivante (1), une troisième bulle,
adressée par Urbain IV à tous les archevêques,
évêques et prélats du royaume, et promettant
des indulgences générales à ceux qui contri-
bueraient de leurs deniers à la construction
de ce somptueux édifice (*opere nimiùm sump-
tuoso*), procura de nouvelles ressources.

En 1266, une quête spéciale eut encore
lieu dans tous les diocèses dépendants des ar-
chevêchés de Bourges, Narbonne et Bor-
deaux, en vertu d'une quatrième bulle de
Clément IV (2), qui promettait aussi les dons
spirituels en échange des dons temporels.

Malgré tout le zèle qui fut déployé, malgré toutes les ressources dont on put disposer,
l'édifice ne paraît pas fort avancé en 1273 ;
car on voit, en cette année, Gui de la Tour
concéder sur le terrain de son évêché une
portion nécessaire à l'exécution du plan,

---

gne, il se fit payer son droit de gîte ; la ville de Brioude donna
100 liv. tourn.; Issoire, 120 liv. tourn. et 100 s.; Clermont, 120 liv.
tourn. et 100 s.; St-Pourçain, 75 liv., dont 50 liv. furent payées
par les bourgeois, et 25 par le prieur. (Joinv. Edit. de Ducange,
p. 101.) Ces sommes réunies équivaudraient aujourd'hui à 46,835 fr.
Mais ce qui est certain, c'est qu'il donna à l'évêque de Clermont
des reliques précieuses, dont je parlerai plus loin.

(1) Le 9 septembre 1263. Arch. départ., arm. 18. S. B. c. 20.

(2) Du 19 décembre 1265, rapportée par Dufr., p. 499. Archiv.
départ., arm. 18. S. B. c. 21.

moyennant une somme de 300 liv., monnaie
de Clermont (1). Pour cette somme, on aurait
eu alors plus de douze cents setiers de froment ; d'où l'on peut conclure qu'elle équivaudrait aujourd'hui à plus de 33,000 liv.

Cependant, dix ans plus tard, le chœur
était presque achevé ; car, en 1285, on y
reçut, avec tous les honneurs dus à son titre
de métropolitain, Simon, archevêque de
Bourges. Ce prélat, faisant la visite des diocèses suffragants de son archevêché, arriva à
Clermont le mercredi-saint, visita la *grande
église* le jeudi, prêcha en latin, et fit ensuite
prêcher en français. A la demande du chapitre, il bénit l'eau le samedi-saint, et officia
pontificalement le jour de Pâques (2).

Gui de la Tour mourut le 28 février 1286,
dans la 33e année de son épiscopat, et la 37e
de la fondation de la cathédrale, dont il ne
devait voir élever que le chœur. Encore toutes
les chapelles n'étaient-elles point encore ter-
minées ; c'est ce que je crois pouvoir inférer
de la notice des autels de l'église, notice renfermée dans la *Canone*, et écrite en 1291, où
l'on voit que le nom du saint de la sixième

---

(1) Dufraisse., p. 500. Arch. départ., arm. 18. S. B. c. 22.
(2) Bal. *Miscell.*, t. IV, p. 260.

chapelle à gauche, aujourd'hui *Sancta sanctorum*, était alors en blanc, et n'a été écrit
que bien postérieurement à cette époque.

Les travaux paraissent continuer sans in-
terruption, si on en juge par les moyens ima-
ginés, et les efforts tentés pour créer des ressources. Ainsi, dès 1288, de nouveaux pèle-
rins y sont attirés par l'indulgence d'un an
et d'une quarantaine accordée (1)à ceux qui
visiteront l'église cathédrale, toutes les fêtes
de la sainte Vierge, et les huit premiers jours
suivants, et y apporteront leurs deniers et
leurs oboles.

En 1311, l'évêque Aubert Aycelin adresse
un mandement à tous les archiprêtres et curés
de son diocèse, et leur enjoint, en vertu de
la sainte obéissance, d'exhorter leurs paroissiens à contribuer de leurs biens à la construction de son église cathédrale (2). Nous
verrons bientôt la somme qu'on y employa
en 1334.

Enfin, les travaux de la nef paraissent avoir
été assez avancés en 1341, puisqu'à cette époque, selon Audigier, l'église fut consacrée,
près d'un siècle après sa fondation, par Etienne

---

(1) Par le pape Nicolas IV. Arm. 18. S. B. c. 34.
(2) Arch. départ., arm. 18. S. B. c. 24.

Alberti, qui, plus tard, devint pape, sous le nom d'Innocent VI.

Cependant, trois ans après, on voit encore l'évêque et le chapitre de Clermont solliciter du pape Clément VI une nouvelle bulle en faveur de leur église (1). Le pape s'adresse à tous les fidèles du royaume de France, les invite à venir au secours de l'église de Clermont, et accorde aux vrais pénitents qui contribueront de leurs deniers, une indulgence d'un an et d'une quarantaine *sur les pénitences qui leur sont imposées*. Cette indulgence ne devait cesser qu'après l'achèvement complet de la cathédrale. Une condition remarquable, c'est que cette bulle ne devait point être envoyée par des frères quêteurs, sous peine de nullité.

Les effets de cette bulle durent être bientôt paralysés par les maux sans nombre dont toute la France, et l'Auvergne en particulier, devinrent le théâtre. Dès l'an 1346, il fallut songer, non à construire des églises, mais à réparer les murs des villes, à fortifier les châteaux, pour se prémunir contre les incursions des Anglais (2).

---

(1) 1344. Arch. départ., arm. 18. S. B. c 26.
(2) Gall. christ, t. II. *Instr.* 95.

Les années suivantes, le pays fut écrasé de subsides ; mais l'année 1356 fut encore plus désastreuse. Le prince de Galles était entré en Auvergne ; il avait plusieurs fois passé et repassé l'Allier, le fer et le feu à la main, rançonnant les villes et les châteaux (1). Le roi Jean était tombé entre les mains de son ennemi, à la bataille de Poitiers ; on fit des efforts, inouïs jusqu'alors, pour chasser les Anglais ; les états de la province s'assemblèrent (2), et accordèrent un subside qui devait durer un an ; mais qui ne fut levé que deux mois : la recette se monta à la somme de 30,791 livres 9 sous 6 deniers (3).

Pour se faire une idée de l'énormité de cette somme, il faut songer qu'à cette époque le prix moyen du setier de froment étant de 8 sous 8 den., elle équivaudrait aujourd'hui à 1,447,177 francs.

Pendant plus de trente ans encore, les calamités furent à leur comble, et d'autant plus difficiles à supporter que le pays était complétement épuisé.

---

(1) Froissart.

(2) A Clermont, dans le couvent des Jacobins, le 29 décembre et les jours suivants.

(3) Chambre des comptes ; 2e vol. du Compte rendu par Robert de Riom, receveur général des subsides.

En 1389, plusieurs châteaux étaient encore au pouvoir des Anglais. Aimerigot Marcel, du haut de la Roche-Vandeix, jetait encore la terreur sur tout le voisinage; mais on commença à espérer et à respirer. Aussitôt on voit le clergé faire des efforts pour obtenir des fonds. L'official adresse à tous les curés du diocèse une ordonnance par laquelle il leur enjoint d'avertir leurs paroissiens d'être exacts à payer les legs faits par testament, pour le bâtiment de l'église cathédrale; de les exhorter de contribuer aussi par leurs charités, et pour les y engager, de publier les indulgences accordées par les papes (1). Henri de la Tour, alors évêque de Clermont, avait trop à cœur de continuer et de voir achever l'œuvre de Hugues et de Gui de la Tour, ses prédécesseurs; mais il sentait aussi la publique misère, et on le voit solliciter et obtenir de Charles VI des secours pour l'Auvergne épuisée et ruinée (2).

On ne sait point ce qui fut exécuté à cette époque; mais il est vraisemblable que ce ne fut que sous cet évêque que la nef fut amenée au point où nous la voyons aujourd'hui;

---

(1) Arch. départ., arm. 18. S. B. c. 27.
(2) 1392. Gall. christ., t. II, *Inst.* 97.

car, après lui, on voit les évêques occupés des ornements intérieurs, ou de l'extérieur de l'édifice.

Ainsi, son successeur, Martin Gouge, fit construire un magnifique jubé, qui avait, il est vrai, l'inconvénient de séparer entièrement le chœur de la nef, et de nuire à l'effet de la perspective générale de l'intérieur de l'église, mais qui était un chef-d'œuvre d'architecture : il se composait de quatre piliers formant trois arcades ogives couronnées par une galerie où l'on montait par deux escaliers intérieurs, pour la lecture de l'évangile et de l'épître, et qu'ornaient des statues représentant des patriarches, et d'un très-bel effet. Sous les deux arcades latérales, étaient deux autels consacrés, l'un à saint Martin, patron de l'évêque; l'autre, à la sainte Vierge. L'arcade du milieu, fermée par une riche grille de fer, donnait accès dans le chœur.

Le successeur de Martin Gouge, Jacques de Comborn, s'occupa aussi des embellissements de la cathédrale, et elle lui dut les vitraux de la nef du côté du nord. Avant la grêle désastreuse du 28 juillet 1835, on y voyait encore les armes de cet évêque, et des scènes de la vie de saint Jacques, son patron; mais des grêles antérieures les avaient déjà

notablement endommagées. Cet évêque aurait
sans doute fait beaucoup plus pour sa cathédrale, s'il n'eût songé à reconstruire l'église
du Saint-Sépulcre, qu'un demi-siècle après il
fallut abattre pour dégager, du côté du midi,
l'église principale ; et s'il n'eût rebâti le couvent des Jacobins détruit par un incendie.

En 1496, sous l'épiscopat de Charles II de
Bourbon, le chapitre cathédral fit de nouveaux efforts pour la continuation des travaux. On conserve encore le devis qui fut
dressé à cette époque (1). Cette pièce est précieuse en ce qu'elle nous fait connaître l'état
des travaux qui restaient à exécuter, d'après
les plans primitifs, et les sommes qu'ils exi-
geaient.

Les entrepreneurs demandaient,

1°. Pour *achever* le portail du
midi de la grande croisée. . . 200 liv. t. auj. 5,580 f.

2°. Pour réparer et parfaire
les deux tours joignant le
même portail. . . . . . 3,100 liv. 86,490 f.

3°. Pour réparer et parfaire
une tour joignant le portail
du nord. . . . . . . 2,000 liv. 55,800 f.

4°. Pour faire trois grandes
croisées, pour accomplir et pa-

---

(1) Arm. 18. S. B. c. 28.

rachever la longueur de l'église, avec trois chapelles (une
au midi, deux au nord), et les
arcs-boutans nécessaires. . . 36,000 liv. 1,004,400 f.

    5°. Pour les trois portaux
de la façade occidentale. . . 55,000 liv. 1,534,500 f.

    6°. Démolitions. . . . 1,000 liv. 27,900 f.

    7°. Couverture en plomb . 3,000 liv. 83,700 f.

Ce qui formait une somme de 100,300 liv. 2,798,370 f.

Il importe de se faire une idée de la valeur réelle de ces sommes.

A cette époque, l'Amérique venait d'être
découverte ; mais le Nouveau-Monde n'avait
pas encore fait part à l'ancien de ses richesses
métallurgiques. La valeur des objets nécessaires à la vie , comparée à l'argent, depuis
long-temps avait éprouvé peu de variations.
Le prix moyen du setier de froment était de
14 sous 8 deniers, et la journée des ouvriers
ordinaires, de 8 à 9 deniers.

Pour les sommes indiquées ci-dessus , on
aurait donc pu acheter une quantité de blé,
ou payer des journées qui reviendraient aujourd'hui à celles que j'ai placées à la suite
de chacune de celles du devis (1).

_____

(1) Pour établir les rapports indiqués entre les sommes sus-
mentionnées , je suis parti de ces principes :

    1°. Que la valeur intrinsèque de l'argent dans un temps donné,

L'énormité de cette somme fait voir pour-
quoi on ne put pas alors exécuter tout ce
devis. On se borna en effet aux trois premiers articles, qui s'élevaient à la somme de
5,300 livres, aujourd'hui 147,870 fr.

A en juger par ce qu'il en coûterait aujour-
d'hui pour l'exécution de ces mêmes ouvrages, on voit qu'ils étaient bien peu avancés
en 1496, les tours du moins; peut-être même
les fondements seuls étaient-ils jetés; car on
pourrait faire construire entièrement le portail du midi, la rose non comprise, pour
une somme de 15 à 16,000 fr.; et chacune
des tours, pour celle de 46,950 fr. 75 c.; leur
élévation étant au-dessus du sol de 31 mèt.

---

c'est le pouvoir qu'il confère au possesseur de disposer du travail
d'autrui, et de se procurer les diverses marchandises propres à
satisfaire ses besoins ou à ajouter à ses jouissances;

2°. Que c'est le blé, principale subsistance de l'ouvrier, qui règle
naturellement la valeur du travail et des marchandises;

3°. Que le rapport de valeur entre des poids égaux d'argent et
de blé a été de 1 à 6,000, à compter des temps les plus anciens
sur lesquels l'histoire peut nous offrir quelque lumière, jusqu'au
moment où cette proportion a été tout à coup dérangée par la
révolution que la découverte des mines d'Amérique a opérée
dans la valeur de l'argent en Europe. Depuis cette époque (1520
environ) le rapport a été comme 1 à 1,000 seulement. Voyez le
premier *Mémoire sur la valeur des monnoies de compte, chez les
peuples de l'antiquité*, par le comte Germain-Garnier. Paris, 1817,
p. 42 et 48.

5o cent., et chaque mètre de hauteur pouvant être exécuté pour 1,49o f. 5o c., terme moyen.

Des plans qui furent dressés à cette époque, on conserve *le patron et pourtraict des portaulx* de la façade occidentale *et de ce qu'il reste à parachever à l'église de Clermont* (1).

Cependant cet édifice si majestueux dans son ensemble, si élégant dans ses proportions, n'était recouvert que d'un toit, dont il était écrasé, et de tuiles qui, exposées aux vents les plus violents, se dérangeaient sans cesse, garantissaient mal les voûtes, compromettaient la durée de l'édifice, et commandaient des dépenses sans cesse renaissantes.

En 15o7, Jacques d'Amboise, 79e évêque de Clermont, et frère du célèbre Georges d'Amboise, premier ministre de Louis XII, assembla son clergé, et après lui avoir montré, d'un côté, cet état de choses, et la nécessité d'y pourvoir, en substituant au toit de tuiles une couverture de plomb; et de l'autre, le défaut de ressources de l'église cathédrale, pour une telle dépense, il offrit lui-même ses droits de joyeux avénement à l'évêché, et invita tous les bénéficiers du diocèse à se cotiser.

Ce fut exécuté. On dressa le rôle de cet im-

( ) Archiv. départ., arm. 18. S. B. c. 29.

pôt volontaire, et ceux qui différaient ou re-
fusaient de l'acquitter, étaient excommuniés
neuf jours après sommation faite de payement.

A l'aide de cette contribution, on vit, en
peu d'années (1), et comme par enchante-
ment, s'élever au-dessus de la cathédrale,
cette double et immense voile de plomb, qui,
depuis plus de trois siècles, protége les voûtes
du chœur et de la nef contre toutes les in-
tempéries; et que soutient une charpente,
ouvrage d'un Jean Durif, admiré des connais-
seurs. Cette charpente est tout ce qui reste
aujourd'hui de la forêt qui jadis couronnait
les hauteurs de Champturgues.

Les produits de cette même contribution
servirent à d'autres importantes réparations,
et, entre autres, à la construction d'un clocher appelé *du Retour* (2), placé sur le milieu
du chœur, et remarquable par sa hauteur et
son élégance; mais que l'on fut obligé d'a-
battre en 1741, parce qu'il menaçait ruine.
On le reconstruisit moins beau, mais plus ca-
pable de résister aux vents et aux tempêtes;
non toutefois aux orages politiques; car il fut

---

(1) En cinq ans. Elle fut achevée en 1512.
(2) Parce que la cloche qui y était placée avertissait les chanoines de retourner au chœur.

renversé en 1794, pour ne se relever que beaucoup plus humble encore en 1820. Le même orage emporta la magnifique image de *Notre-Dame-du-Retour*, qui avait aussi été placée, en 1512, avec la toiture de plomb, à son extrémité orientale. Le commun du peuple y avait une si grande dévotion, que plusieurs, y allant pour faire leurs prières, montaient les degrés du clocher à deux genoux, la chandelle allumée en la main (1).

Ce fut encore Jacques d'Amboise qui fit exécuter les stalles du chœur, chef-d'œuvre de sculpture, et ouvrage de Gilbert Chapart; il donna aussi de riches tapisseries, *naïvement historiées*, qui en faisaient le tour (2), et qui subsistent encore.

Il faut rapporter à la même époque la construction de la fontaine gothique qui, depuis 1808, fait l'ornement de la place J. Delille, et que Jacques d'Amboise avait fait élever sur la place qui est au midi de la Cathédrale.

Cette époque semble avoir été le terme des prospérités de la cathédrale de Clermont; et, pendant les trois siècles suivants, on n'y voit

---

(1) Fodéré, *Narr. hist.*, p. 501.
(2) Savaron, *Orig.*, p. 87. *Calendrier d'Auverg.*, 1762, p. 89. Dulaure, *Description de l'Auv.*, p. 196.

point entreprendre de grands travaux. Mais la fin du xviiie siècle arrive, et ce monument sur lequel se sont entassés les richesses et les travaux de vingt générations ; ce monument, qui avait échappé aux ravages de l'Anglais, et, durant bien des siècles encore, pouvait braver les outrages du temps, fut sur le point de tomber sous le marteau des démolisseurs, postérité de ceux qui l'avaient élevé avec tant de sueurs et de sacrifices !

Il ne dut alors son salut qu'à la sagesse et à la présence d'esprit de deux excellents citoyens, dont les noms sont désormais liés à son histoire ; de M. Verdier-Latour, ancien bénédictin de Saint-Alyre, et de M. Deval, architecte de la ville.

On parlait hautement de raser ce monument de superstition et de fanatisme. Déjà des soumissionnaires avides se présentaient ; déjà même quelques jeunes gens, dont la tête avait été échauffée dans un club, et se prévalant des décrets de la Convention, s'y étaient portés pour aviser au moyen d'exécuter cet acte de vandalisme. Informés de leur projet, les deux citoyens dont nous venons de parler, s'y rendent de leur côté, isolément, mais après s'être concertés : « Eh ! » quoi, Citoyens, leur dit M. Verdier-La-

» tour, au lieu de détruire cet édifice, ne
» pourrions-nous pas en tirer un parti utile?
» Quel lieu plus propice pour nos assemblées
» populaires? Dans les chapelles, réunions
» de sections; dans la nef, réunions géné-
» rales; ou bien, si l'on ne croit pas devoir le
» consacrer à cet usage, ne pourrait-on pas le
» convertir en une vaste et magnifique salle
» de spectacle?....» De son côté, M. Deval,
interpellé par M. Verdier-Latour, donna un
aperçu des frais et des difficultés de la démo-
lition, et fit voir que la place de Jaude, malgré son étendue., serait insuffisante à contenir
tous les matériaux, qui long-temps encom-
breraient toute la ville. Ces considérations
prévalurent. M. Verdier, en sa qualité de
membre de la commune, exposa ses vues au
conseil, et il fut arrêté qu'on ferait une péti-
tion à la Convention, pour obtenir la con-
servation de cet édifice (1). Ceci se passait le
25 pluviôse an 2 (13 février 1794). Ainsi on
gagna du temps : bientôt arriva le 14 thermi-
dor (1er août) de la même année; le temps de
l'extrême exaltation passa, et la cathédrale
est debout. Seulement les deux clochers du
midi ont été abattus; les sculptures du porti-

---

(1) Reg. des délibér., an II.

que méridional entièrement détruites, celles
du nord endommagées ; les statues qui gar-
nissaient les niches, enlevées ou brisées, et les
pierres qui formaient le magnifique jubé (1),
dont nous avons parlé plus haut, ont servi à
la construction et à l'ornement d'une maison
particulière, au faubourg de Fontgiève.

Dans l'intérieur, on enleva également les
riches grilles de fer qui formaient l'enceinte
du chœur, les stalles et toutes les boiseries ;
tous les autels furent dépouillés et renver-
sés (2) ; mais, en revanche, une colonne fut

---

(1) Il n'a point été détruit en 1780 par les chanoines, comme
l'ont dit Ch. Nodier, *Voy. pitt. en Auv.*, pag. 48; et Bouillet,
Guide du voy., p. 25. Dulaure en parle dans sa *Description de
l'Auvergne*, impr. en 1789.

(2) Le maître-autel était surmonté d'un retable fort élevé, ren-
fermant un grand nombre de reliquaires : aux fêtes solennelles on
ouvrait les deux battants dorés de ce retable, pour exposer les reliques à la vénération des fidèles.

Au-dessus du retable était une figure de la Vierge, représentée
assise, et d'un travail précieux et gothique.

Aux deux côtés, deux anges adorateurs, dorés, de grandes proportions, supportaient, au-dessus de la Vierge, un grand voile
blanc en émail; c'était un beau travail, qui ne fut exécuté qu'en
1761, par Simon Challe, de l'acad. de peinture et de sculpt. de
Paris.

Au côté droit du maître-autel et dans le sanctuaire, était le mau-
solée d'Aubert Aycelin, mort en 1328, et à gauche, celui de Ber-
nard de la Tour, cardinal-diacre, mort en 1361.

Le chapitre, sous prétexte de dégager le chœur, avait fait dis-

érigée dans le chœur, en l'honneur de la Liberté.

Au clocher de Saint-Michel (nord-ouest), était une cloche qui pesait, dit-on, dix milliers; on voulut la casser sur place, on ne put en venir à bout; mais, dans les efforts qu'on fit pour la descendre, elle tomba, enfonça trois voûtes successives, qui restèrent long-temps ouvertes, et ôtèrent toute communication avec l'orgue, qui se trouva ainsi préservé.

Dès le rétablissement du culte, le zèle pieux des fidèles, et les sacrifices personnels de M. de Dampierre, ont fait disparaître, en grande partie, ces dégradations intérieures; et, sous ce rapport, la cathédrale laisserait aujourd'hui peu à désirer, si une calamité nouvelle, l'effroyable grêle du 28 juillet 1835, ne fût venue détruire un de ses plus précieux ornements, les magnifiques vitraux du nord.

FAITS DIVERS.

La cathédrale n'a point été bâtie, comme on l'a dit et répété (1), avec les débris du

---

paraître ces tombeaux, et les avait relégués dans les chapelles du chevet. Dulaure, p. 197—9.

(1) V. Grég. de Tours, publié par la Soc. de l'Hist. de Fr., tom. I, p. 372. *Eclairciss.*

temple de Wasso, dont parle Grégoire de
Tours; mais elle a été un des premiers édi-
fices construits avec la lave volcanique, qui
paraît avoir été totalement inconnue jusqu'au
xiiie siècle.

Cette lave, d'une couleur un peu sombre,
il est vrai, mais indestructible aux agents at-
mosphériques, provient, suivant la tradition,
d'une carrière située au pied du Puy-de-
Dôme, et aujourd'hui abandonnée.

J'ai indiqué les moyens généraux auxquels
on a eu recours pour se procurer les fonds
nécessaires à la construction de cet édifice;
il serait curieux de connaître les sommes qui
y ont été employées.

On ne possède à cet égard qu'une pièce
qu'on peut regarder comme l'une des plus
précieuses que renferment les archives du département (1), c'est le compte que rendit
Guillaume Albanelli, procurateur de l'édifice, pour toutes les recettes et dépenses ef-
fectuées depuis le jour de la Pentecôte 1334,
jusqu'à pareil jour de l'an 1335. Ce compte
est en latin; j'en consignerai ici les principaux détails.

---

(1). Arm. 18. S, B c. 25.

I.

RECETTE.

1. Restait du compte précédent, tant en argent qu'en créances bonnes ou mauvaises . . . . 407 $^{liv.}$ 5 $^{s.}$ 2 $^{den.}$

2. Revenus annuels de la fabrique.   11   5   7

3. Prix de la location des maisons du doyen et de derrière l'église. . .   22   15   »

4. Location de la maison Ramel. .   11   »   »

5. Quête faite au synode de la Pentecôte. 165   7   3

6. —————————— St-Luc.   22   12   4

12. Offrandes du jour de l'an. . .   »   17   »

16. Legs et quêtes faites dans l'évêché de St-Flour.   4   5   6

18. Pour 6 setiers de vin vendus (c'est-à-dire, près de deux hectolitres, ou plus exactement 185 litres). . .   »   9   »

22. Pour 57 aunes de toile. . .   »   33   3

. . . .

Total de la recette en argent. . . 781   3   2

Cette somme équivaudrait à près de 48,000 fr. d'aujourd'hui.

On avait reçu en nature :

Froment. . . . . 84 setiers 3 q.

Seigle. 16   1/2   »

Pamoule. 8   »   »

Avoine. 7   1/2   »

II.

DÉPENSE.

1. Pour la loge et la carrière, durant 55 semaines écoulées depuis le précédent arrêté de compte, jusqu'au présent jour. . . . . 229 ^{liv.} 18 ^{s.} 7 ^{den.}

2. Pour maylhs et coins pour la carrière. . . . . » 63 »

3. Pour 25 livres d'acier (à 6 deniers la livre). . . . . » 12 6

4. Pour un quintal et 23 liv. de fer. » 27 7

5. Pour fabriquer 18 liv. dudit fer. » 3 6

6. Pour trois milliers et 700 de tuiles pour couvrir l'église. . . . » 43 6 ^{obol.}

7. Pour 114 setiers de chaux. . . » 116 8

10. Etienne du château de Riom a reçu pour le cens de la carrière. . . » 20 »

11. Le cellérier du seigneur évêque, pour droits sur la maison Chapoleyr et de derrière l'église. . . . . . . » » 16

15. Pour la pension annuelle de l'architecte. . . . . 7 » »

16. Pour celle de Guillaume Néhel, chanoine, gardien de l'édifice. . . » 100 »

17. Pour celle de Guill. Albanelli, procurateur de l'édifice. . . . . 10 » »

20. Pour les personnes envoyées avec des lettres de quête. . . . . » 53 »

21. Pour transcription desdites lettres et cartel. . . . . » 27 »

22. Pour parchemin et papier acheté » 23 »
25. Pour 18 *pareilhs* d'âne à un seul, pour porter le sable. . . . » 21 7
27. Pour chanvre ou *cherbe*, acheté pour une grosse corde, et pour la façon. . . . . » 54 8 obol
29. Pour pierres menues pour combler les tours. . . . . . . » 33 »
3o. Guill. Albanelli, quand il est allé à Billom au synode, a dépensé pour son voyage, et le *roncin* qu'il a loué. . . . . » 3 6 den.
La somme des dépenses, compris les articles ici omis, fut de. . . . 3o8 liv. 5 s. 11

Parmi les dépenses en nature, je noterai seulement quatre setiers de froment pour la pension de l'architecte.

Pour avoir l'expression de ces sommes en monnaie de nos jours, francs et centimes, il faut les multiplier par 6o,5o; car le prix du setier de blé à Clermont était alors de 7 sous 8 deniers deux cinquièmes; il est aujourd'hui d'environ 24 fr.

Un autre document (1) assez curieux est celui qui nous fait connaître l'état du trésor et des ornements de cette église, vers l'an 1000, sous l'épiscopat de Bégon. Je ne donnerai pas ici l'état des calices d'or et d'argent,

---

(1) Arm. 18. S. A. c. 29. Voy. à la fin de cette Notice.

des encensoirs, etc. La bibliothèque de cette époque me paraît plus intéressante à connaître.

Elle se composait en tout de cinquante-cinq volumes, dont :

6 missels.

2 lectionnaires.

1 *Biblioteca.*

1 livre intitulé : *Duodecim Apostolorum.*

1 *Passionari.*

2 antiphoniers.

2 *Textos cum auro;* c'est le livre des Evangiles, garni d'or.

1 épistolaire avec or.

1 exposition sur les Epîtres de Paul.

1 *Martiriloge* et vie des chanoines.

1 psautier avec or.

1 *Crononica.*

1 livre des prophètes.

5 volumes de canons.

1 de miracles.

1 de dialogues.

1 *Ætimologiarum* (probablement Isidore de Séville).

1 *Virgilio.*

1 *Glosarum.*

J'omets les autres (1).

---

(1) Voy. à la fin de cette Notice.

Un genre de richesses dont les églises étaient extrêmement jalouses, c'étaient les reliques des saints.

Suivant le *Memoriale Reliquiarum*, renfermé dans la *Canone* (1), saint Austremoine aurait apporté en Auvergne des reliques infiniment précieuses.

En voici le détail :

« Inprimis de umbilico filii Dei cum quinque unguibus de sinistra manu, prepucium ipsius cum duabus unguibus de dextera manu, et de pannis quibus fuit involutus, et undecimam partem sudarii que fuit ante oculos ejus cum sanguine ipsius, et de tunica, et de barba, et de capillis, et de precincto ejus cum sanguine, et tres ungues ejus ex recisione manus dextere, et partem spine corone, et de pane quem ipse benedixit, et ex spongia ejus, et de sepulcro ipsius Domini, et ex virgis quibus cesus fuit, et de capillis beate Marie tres, et brachiale ejus, et de vestimento ipsius cum lacte, et de pallio quod ipsa fecit. Has vero reliquias Stephanus (2) episcopus condivit in ymagine matris Domini et in ymagine filii ejus. »

Le roi saint Louis, à son retour de la Terre-Sainte, avait donné à l'église cathé-

---

(1) F°. xxxij, imprimé dans Baluze, t. II, p. 39; trad. par Dulaure, *Descrip. de l'Auvergne*, p. 197.

(2) Des six évêques de Clermont qui ont porté le nom d'Etienne avant la rédaction de la *Canone*, on ne peut savoir duquel il est ici question.

drale de Clermont un fragment du *bois de la
vraie croix*, et une *sainte épine*, reliques dont
l'authenticité était moins suspecte. On les
conservait, avec des reliques de la sainte
Vierge, de saint Jean - Baptiste, de saint
Georges, de saint Alyre et de plusieurs autres
saints, dans de riches reliquaires en or, ver-
meil ou ivoire, enrichis de pierres précieuses.
Dans certaines fêtes, on les exposait à la vénération des fidèles ; on en portait quelques-
uns dans certaines processions. En cas d'incendie, celui qui renfermait les reliques de
saint Artème était apporté sur le théâtre où
le feu exerçait ses ravages.

On conservait aussi, avec un soin religieux,
une antique chasuble, tissue de soie verte et
cramoisie, et dont le galon et les cartouches
étaient d'or. Elle ne paraissait qu'au jour solen-
nel de la fête de saint Bonet. La tradition rap-
portait que la sainte Vierge elle-même, par l'in-
termédiaire d'un ange, avait envoyé cette précieuse chasuble au saint évêque de Clermont.
Mais, vers 1785, un savant demi-chanoine
de la cathédrale, M. Cortigier, en célébrant
l'office du saint, s'aperçut que les cartouches
portaient d'anciens caractères ; il s'empressa
de les déchiffrer après l'office : l'inscription
qu'il parvint à lire lui fit connaître que cet

ornement précieux avait été donné , vers l'an 988 , à Gerbert, alors évêque de Reims, depuis pape , sous le nom de Sylvestre II , par la reine Adélaïde, femme de Hugues Capet.

Aucun de ces monuments si long-temps vénérés , n'a échappé aux dévastations qui ont signalé , à Clermont , la fin de l'année 1790.

Je crois devoir consigner encore ici quelques détails, la plupart peu connus, concernant les richesses , les honneurs et la puissance temporelle de l'Eglise de Clermont, représentée par ses évêques et son chapitre.

Le xi° siècle est celui où la cathédrale paraît s'être enrichie le plus rapidement. L'évêque Rencon, qui siégeait dans la première moitié de ce siècle, fut l'un de ceux qui surent le mieux mettre à profit l'opinion alors généralement répandue de la fin prochaine du monde.

Ce fut à cet évêque, dont Savaron vante la prudence et l'industrie , que Guillaume V, comte d'Auvergne, avec ses fils Etienne, Bégon et Ponce, et sa femme nommée Philippie, concédèrent, vers l'an 1044, leur droit de battre monnaie (1).

_____

(1) Bal., II, 40.

Ce droit ne cessa point en 1285 ou 1286 , comme on l'a dit par erreur (1) ; il a subsisté (je ne parle que du droit , et non de l'exercice) plus de deux siècles après, et jusqu'à l'époque où François Ier supprima ce droit pour tous les barons et prélats de France (2). Seulement , dès le temps de Louis-le-Hutin, 1314 , il fut soumis à quelques conditions.

Les preuves sont faciles à déduire.

· 1. On conservait à la chambre des comptes, à Paris , le registre des monnaies, coté 125 , intitulé : *Ce sont les monnoies des barons et des prélats du royaume de France* , etc. , daté de l'an 1313 (3).

D'après l'ordonnance qu'il nous a conservée, et qui est attribuée à Louis-le-Hutin , l'évêque et le chapitre de Clermont ne pouvaient frapper , 1°. que de la monnaie d'argent ;

2°. Que des deniers et des oboles (et non des monnaies supérieures en valeur) ;

3°. Le denier devait renfermer trois parties deux tiers d'argent, sur huit parties un tiers de cuivre ; de sorte qu'il fallait treize

---

(1) Bouillet, *Guid. du voy.* , p. 13.
(2) 1532. Majour. *Déf. de Savaron*, p. 45.
(3) Du Cange, V° *Moneta* , et Leblanc, p 198.

deniers de Clermont pour douze deniers tournois de la monnaie du roi (1). En 1273, dans un échange, douze sous de Clermont valaient dix sous tournois (2) ; deux livres de Clermont valaient trois livres viennoises ou quatre livres du Puy (3).

II. En 1427, Charles VII donna à Martin Gouge, évêque de Clermont, le droit de battre monnaie d'or et d'argent (4).

III. Dans les priviléges de la ville de Billom (5), confirmés, en 1450, par le même Charles VII, on lit cet article remarquable : *Volumus et concedimus dictis hominibus quod nos non possumus ipsos compellere ad recipiendam monetam nostram*... Cet article suppose évidemment que les habitants de Billom avaient réclamé la circulation libre de la monnaie des évêques et du chapitre de Clermont.

---

(1) Claromontensis episcopi et capituli denarii debent esse 3 den. 16 gr. legis argenti regis, et 20 sol 6. den. ponderis ad marcam Par. Malliæ eorumdem denariorum 4 den. legis argenti regis, et 16 sol. 9 den., obol. dupl. ponderis ad marcam Parisiensem. Du Cange, V°. *Moneta.*

(2) Bal., t. II, 5,7.

(3) *Id.*, p. 82 et 86.

(4) Gall. Christ., t. II, *Instr.* 98.

(5) Ordonn., tom. XIV, p. 133.

Du reste, la monnaie des barons et prélats n'ayant cours forcé que dans l'étendue de leurs terres, il est aisé de concevoir qu'à mesure que leur territoire s'est resserré, leur droit a perdu de son importance, tandis que la monnaie du roi en acquérait; et que, pour les évêques de Clermont en particulier, qui n'étaient souverains qu'à Clermont, à Beauregard, Billom et quelques autres localités très-restreintes, ce droit dut s'affaiblir en raison du progrès de la domination royale, et enfin tomber en désuétude.

IV. Postérieurement à l'époque indiquée, comme celle de la cessation du droit de l'Eglise de Clermont, on trouve des actes de vente où le prix est stipulé *en livres de Clermont* (1).

Avant de concéder ce droit de souveraineté, le même comte et sa famille avaient déjà donné (2) à l'Eglise de Clermont, c'est-à-dire à l'évêque et aux chanoines, toute la partie occidentale de la ville, depuis la tour du cloître de la cathédrale, jusqu'à la rue au-dessus de

---

(1) Vente par Janoyls et son épouse, au chapitre de Chamallières, pour le prix de 9 l. 10 s. de Clermont, de l'an 1295. Arch. départ., chapitre de Chamallières, c. 6 (ancienne cote CCXL).

(2) Vers l'an 1034, selon Sav., p. 39.

l'église de Saint-Adjutor. C'était, dit l'acte
de donation (1), en considération de la masse
de leurs péchés, et en se souvenant que Dieu
avait dit : *Date eleemosynam, et omnia munda
sunt vobis* (2). Quelquefois, à tels qui n'étaient
pas disposés à donner volontairement, l'évêque Rencon l'imposait pour pénitence (3).

Dans les deux siècles suivants, les dona-
tions effectives paraissent moins fréquentes ;
mais les propriétaires de terres, les seigneurs
se plaisent à reconnaître la suzeraineté de
l'Eglise.

Dufraisse (4) fait une énumération fort
longue, et peut-être encore incomplète, des
fiefs qui relevaient de l'Eglise de Clermont.
Là, on voit figurer les comtes et les dauphins
d'Auvergne, les ducs de Bourbon, de Ven-
tadour, de Mercœur, les seigneurs de Mont-
Gâcon, d'Aurillac, de Montmorin, d'Apchon, de Murat, etc.

On conserve encore, aux archives du département, plusieurs des registres destinés à contenir les actes de ces hommages, qui se faisaient
quelquefois avec une certaine solennité.

---

(1) Bal., tom. II, 48.
(2) S. Luc, XI, 41.
(3) Bal., tom. II, 48.
(4) *Orig. des égl.*, p. 421.

Reportons-nous un instant vers le milieu du XIIIe siècle. Voyez Guillaume Comptour, sire d'Apchon, se disant *premier baron* du Haut-Auvergne, possesseur de dix châteaux, et, de la cime du rocher aigu où est son principal manoir, régnant sur le territoire de Vaulmières, de Saint-Hippolyte, de Riomès-Montagnes, de Saint-Vincent et tant d'autres; plus absolu, plus puissant, sans contredit, qu'un grand nombre des princes d'aujourd'hui en l'Allemagne semi-féodale. Il se prépare à venir faire hommage de ses terres à l'évêque de Clermont; il a convoqué ses vassaux et arrière-vassaux. La scène se passe en 1267.

Dans le palais de l'évêque, tout est disposé pour ce triomphe du spirituel sur le temporel.

La grande salle est tendue. Sous un dais de pourpre, et sur un trône d'or et de soie, est assis Gui de la Tour, revêtu de son rochet, la tête couverte de sa mitre pontificale, tenant en main son bâton pastoral. A sa droite, le prévôt, Guillaume Odon; à sa gauche, Jean Aycelin, abbé, celui qui fut appelé *Sacerdotiorum helluo*, à cause du grand nombre de bénéfices qu'il avait; et, sur leurs flancs, le corps entier des quarante chanoines rangés en demi-cercle.

Devant lui s'avance Guillaume Comptour,
suivi de ses vassaux, qui bientôt s'arrêtent à
quelques pas en arrière. Guillaume est sans
épée et sans éperons ; sa tête est découverte ;
sa ceinture dénouée ; il s'agenouille, et met-
tant ses deux mains dans celles du prélat :
« Je déclare, dit-il à haute voix, que les
» terres d'Apchon, de Vaulmières, et toutes
» leurs dépendances, et tout ce que je pos-
» sède dans les paroisses de Saint-Hippolyte,
« de Riom-ès-Montagnes, de Saint-Vincent,
» appartiennent à saint Vital, saint Agricole,
» à sainte Marie, et à vous, Monseigneur
» Gui, et à vos vénérables frères, les cha-
» noines de votre Eglise. Je les cède et donne
» absolument et sans réserve, pour la rémis-
» sion de mes péchés, et dans la crainte de
» la géhenne éternelle. Anathème à qui ten-
» terait de casser ou faire annuler la présente
» donation ! Qu'il ait, avec Datan et Abiron,
» qu'il ait avec Juda, pour tout héritage, le
» fond des enfers (1). »

Cette déclaration est recueillie par le notaire ; et bientôt le prélat : « Les terres d'Ap-
» chon, de Vaulmières, dit-il, avec leurs
» dépendances, et tout ce que tu possédais

(1) On voit cette formule dans Baluse, II, p. 48.

» dans les paroisses de Saint-Hippolyte , de
» Riom-ès-Montagnes et de Saint-Vincent ,
» nous te le rendons et remettons , sous la
» réserve expresse de la foi et hommage qui
» nous sont dus.

« Je reconnais , reprend alors le sire d'Ap-
» chon , que je tiens ces terres de la main de
» Monseigneur évêque , de ses frères, les cha-
» noines , et de l'Eglise de Clermont ; et, soit
» de jour, soit de nuit , sur leur première de-
» mande ; je m'oblige à les leur rendre ; et, la
» main sur l'Evangile , je jure que je leur
» serai foyall et loyall , moi et les miens ,
» sauf néanmoins la foi que je dois à notre
» seigneur le roi (1). »

Alors l'évêque lui donne un baiser, le re-
lève. Le notaire a écrit ; on appose les sceaux ;
la glorieuse humiliation est consommée.

Ces engagements étaient presque toujours
religieusement observés ; cependant , quelquefois aussi , on cherchait à s'y soustraire ;
alors les évêques recouraient à l'autorité

---

(1) Jeo deveigne vostre home de cestiour et avant , de vie , et
de member, et de terrene honour, et à vous serra foyall et loyall,
et foy à vous portera des tenemens , que jeo claime de tenir de
vous, salva la foy que jeo dey à nostre seignior le roy. (*Littleton* ,
§ 85. Dav. Houard, t. I, p. 108.)

royale, pour se faire remettre dans leurs droits. C'est ainsi qu'en 1208, une information fut faite en faveur de Robert, évêque, par Amaury de Courcelles, conestable du roi en Auvergne, contre Raoul Escot, qui refusait l'hommage pour les terres de Clermont et de Cournon (1).

D'autres fois les évêques se rendaient justice à eux-mêmes, témoin Adhémar de Cros.

Ce même sire d'Apchon, que nous avons vu naguère aux genoux de Gui de la Tour, à la mort de ce prélat, se crut dégagé de ses serments, et refusa l'hommage à son successeur ; mais Adhémar de Cros sut l'y contraindre. Il envoya ses gens contre le château d'Apchon. Le lundi après la Saint-Martin d'hiver, ceux-ci arborèrent le pennon de l'évêque sur une des tours du château, qui, bâti sur une pointe de rocher, était isolé de toute part, et semblait inaccessible ; mais, soit surprise, soit force, les hommes de l'évêque s'en rendirent maîtres : le sire d'Apchon et ses gens sortirent ; un hérault de l'évêque, du haut du rempart, cria trois fois : *Clermont, Clermont, Clermont ! ! !* C'était le cri d'armes de

---

(1) Baluse, II, p. 74.

l'évêque. Le jeudi suivant, le château fut
rendu aux gens du seigneur d'Apchon (1).

Dix ans plus tard (1297), Adhémar Comptour d'Apchon, fils de Guillaume, renouvela
son hommage, en reconnaissant qu'il ne serait
point interrompu par les changements d'évêque ; et, durant cinq siècles, ce fief a relevé
de l'Église de Clermont (2).

Cette puissance à laquelle la cathédrale de
Clermont était arrivée, de droit appartenait
collectivement à l'évêque et au chapitre.
Dans le principe, les chanoines étaient subor-
donnés aux évêques ; mais ce corps, obéis-
sant à l'instinct de tous les corps, étendit peu
à peu ses prérogatives, et dès qu'il eut ob-
tenu celle de nommer les évêques, il leur
imposa des conditions incompatibles avec les
droits et la dignité de l'épiscopat, en les as-
sujettissant à un serment dont ils réglaient
eux-mêmes la formule. Au xiie siècle, on voit
qu'un chanoine avait, une fois l'an, le droit
de lever l'interdit des églises excommuniées
par l'évêque, et d'y faire officier ; comme un
seul chanoine, à l'insu de l'évêque et du cha-

_____

(1) Gall. christ., II. *Instr.* 92. — Trait semblable de l'évêque de
Lodève. V Du Cange sur Joinville, p. 356.
(2) Gall. christ., *ibid* Chabr., *Cout.*, IV, p. 690.

pitre, pour une cause légère, mettait une
église en interdit, et faisait cesser l'office, au
grand scandale du peuple (1). Les évêques se
firent quelquefois relever de leur serment ;
mais, dans les formules nouvelles, on leur
fit jurer qu'ils ne solliciteraient jamais une
pareille dispense ; renoncer au droit de toute
dispense sollicitée à leur insu, même accordée
spontanément (2).

Enfin, de conquête en conquête, le chapitre de Clermont était arrivé à ne plus relever que du Siége Romain, et ne reconnaissait
ni primat, ni métropolitain, ni évêque. Vers
le milieu du xive siècle, Guillaume de Grisac,
official de Pierre d'André, évêque de Clermont, eut différend pour cela avec Gilbert
de Chalencon, chanoine de Clermont. Dans
la chaleur de la dispute, le chanoine abattit
le bonnet de la tête de l'official, et le foula
aux pieds. « Vous vous repentirez un jour
» de votre emportement, lui dit Guillaume
» de Grisac, et votre chapitre pourra bien dé-
» choir de cette autorité, dont il est si jaloux
» et si fier. » Eh bien ! répliqua le chanoine :
Quand vous serez pape, vengez-vous.

---

(1) Savaron, *Orig.*, p. 68.
(2) Voir la formule du serment, *Canone*, p. xxxj.

Quelques années s'écoulèrent, et Guillaume de Grisac devint pape (1). Urbain V se souvint des menaces de Guillaume de Grisac, et l'un des premiers actes de son autorité, ce fut de priver Gilbert de Chalencon de tous les bénéfices qu'il possédait, autres que le canonicat de Clermont. A l'égard du chapitre, il expédia une bulle, de l'an 1363, par laquelle il le soumit à la juridiction de Jean de Mello, évêque de Clermont, et de ses successeurs. Le parlement de Paris autorisa la bulle par arrêt de l'an 1393; mais la bulle et l'arrêt n'eurent qu'un effet très-passager. Le chapitre se maintint dans ses prérogatives. Le pape Eugène IV les rétablit en 1430 (2). Un nouvel échec leur fut porté par le concordat entre François Ier et Léon X, qui donna aux rois de France le droit de choisir les évêques.

Je ne veux point parler ici des guerres continuelles entre les évêques, seigneurs temporels de Clermont, et les habitants. Toutefois, je crois devoir faire connaître le serment que l'évêque Robert prêta à ces derniers, l'an 1198, pour obtenir un peu de tranquillité.

(1) Octobre 1362.
(2) Audig., p 200.

Cette pièce, inédite, intéresse comme monument de la langue du pays à cette époque,
et surtout comme le plus ancien titre *écrit* des
libertés de la ville de Clermont. Elle est res-
tée inconnue à Savaron et à Durand, second
éditeur des Origines de Clairmont, qui donne (1), pour le plus ancien *privilége* de Clermont, une charte mutilée et incomplète,
qu'il attribue à Gui II, comte de Clermont,
et à laquelle il assigne la date de 1220; mais
qui est évidemment d'un évêque, et doit être
postérieure à celle-ci, peut-être de plus d'un
siècle.

SERMENT

DE **ROBERT**, ÉVÊQUE DE **CLERMONT**, DE L'AN 1198 (2).

Eu Rotberz per la gratia de Deu evesques de Clarmont, promete a bona fe et a totz los omes et a totas

---

(1) Pag. 369.
(2) J'ai transcrit fidèlement cette charte sur le *Vidimus* qui en
fut donné, en 1284, à la demande des habitants de Glermont, par
Guill. Alamela, qui tenait alors le sceau du roi en Auvergne. Ce
Vidimus est déposé aux archives départementales, arm. 18, S. B,
c. 10. Je n'y ai pas changé une syllabe; seulement, pour l'éclaircir,
j'ai séparé quelques mots conjoints, introduit les apostrophes et
quelques signes de ponctuation.

las femnas de Clarmont a aquels que i ssont aoras o que
i sserant, que eu non penrai ni farai penre lor cors ni
lor maysos ni lor chausas ; ni sufrirai que sia fait, se
non era per homicidi, o per adulteri (1), o per murtre.
Per que li persona de l'ome et de la femna et sa chausa
sont emma marce ; dels layronicis (2) sera segunt las
bonas costumas de Montferant. Se clams es faict d'ome
o de femna, dara nos fiansa o segurtat avinent (3) si
pot, o iurara que no puscha. E sobre las chausas que
aura en la ciptat, iutgarai (4) l'ome o la femna a bona
fe. Si eu o li ome de ma mayso avem propria querela
contra alcu, si mais no vol donar segurtat, sobre las
soas chausas lo iutiarem (5). Promete lor que totas
chausas que serant messas a Clarmont per segurtat, en
patz et en guerra, serant seguras de me et dels meus,
ni no las sazirai ni penrai per uchaiso (6) d'aquels que
las i metra, ne per uchaiso d'aquel en cui poder seran
messas ; et qui las i aura messas las enportara segura-
ment quant se volra. Et ni eu ni altre no devem donar
guidatge (7) a nostre escient, ni en la ciptat ni el borc,
a negun ome qui aia fait raubaria ni tort a ome de Clar-

---

(1) Dans la charte citée plus haut (*Sav., orig. de Clairm.*, p 371).
ou voit qu'à l'époque où elle fut concédée, la raison publique avait
déjà fait de grands progrès, puisqu'en parlant de l'homme surpris
en adultère avec une femme étrangère, il y est dit : *Non curratur,
nec capiatur, sed solum Deum habeat ultorem.*

(2) De *Latrocinium*, vols.

(3) Convenable, suffisante.

(4) Je jugerai.

(5) Le jugerons.

(6) Occasion.

(7) Protection, accueil.

mont, si non era fait ab la voluntat de celui a cui auria
fait lo tort. Promete fielment a totz los omes et a totas
las femnas de Clarmont que i sont a ora o que i serant
que eu lor tenrai aquelas bonas costumas que mei ancessors tengront als lors ancessors ; et si negunas querelas eu o mei ancessor avem ab negun ome o ab femna
de Clarmont, perdonen a totz et a chascu entro qual
jorn d'oi, si (1) en aquelas querelas o non a chaptal de
terra o daver. Promete lor que totas aquestas chausas
gardarai a bona fe, et lor o iure sobre sains evangelis.
et mos bailes que i es o a iurat, et altre, quant i er o
iurara. Et il perdonon me ab bona voluntat, si negun
gravament lor ai fait tro qu'al iorn d'oi, si non a fiansa,
o a chaptal de terra o d'aver o de depte. Et per so que
aquestas chausas durant toz temps en bona fermetat,
aquesta chartra es saelada ab nostre sael, et ab aquel
del chapitol de Clarmont. Et aiso fo fait l'an de la incar-
natio nostre senhor M. C. XC. viij. mense mais, octava
de l'acensio.

Cette charte n'éteignit point, dans les évêques, la soif du pouvoir, ni, dans les habitants, celle de l'indépendance et de la liberté ;
elle ne fit donc pas cesser les prétentions ni
les animosités réciproques, et bientôt on ne
s'accorda plus sur le sens des articles. Après
un demi-siècle de contestations nouvelles, on
résolut enfin, de guerre lasse, de recourir à

---

(1) Pourvu qu'il ne soit pas question d'un capital de terre (im-
mobilier) ou d'avoir (mobilier).

l'autorité royale, qui, dès lors, sous la répu-
tation d'équité de saint Louis, commençait à
prendre cet utile accroissement, auquel la
France a dû, plus tard, son unité, sa puissance et sa grandeur.

Je citerai encore ici l'espèce de transaction
entre les évêques et les habitants de Clermont,
émanée du conseil de régence, sous le nom
du fils aîné de saint Louis, en l'absence de ce
prince, qui était alors outre mer.

Cette pièce, inédite comme la précédente.
n'est pas moins précieuse pour l'histoire des
libertés de la ville de Clermont.

Ludovicus domini regis Francie illustris primogeni-
tus.. Universis presentes litteras inspecturis Salutem.
Notum facimus quod cum inter venerabilem patrem
episcopum Claromontensem ex una parte : et Burgenses
Claromontenses ex altera super quibusdam articulis in
quadam carta bone memorie *Roberti* quondam Claromontensis episcopi olim Burgensibus eisdem concessa
contentis in curia domini patris nostri coram domina
avia nostra clare memorie B*lanca* quondam Francorum
regina contencio esset diucius agitata. Tandem idem
episcopus pro se et procuratores dictorum Burgensium
pro ipsis Burgensibus in presentia prefate domine cons-
tituti voluerunt et concesserunt quod supra dicta carta..
Consilium domini patris nostri ordinaret corrigendo.
declarando. addendo. et minuendo prout sibi expediens
videretur. In primo itaque articulo dicte carte qui talis
est. Ego *Robertus* Dei gratia Claromontensis episcopus

promitto bona fide omnibus hominibus et mulieribus
Claromontensis civitatis presentibus et futuris quod per-
sonas eorum earumve. nec domos nec res eorumdem
capiam nec capi faciam nec permittam nisi pro homicidio adulterio et murtro. Unde et persone et res erunt
in mea voluntate. Addidit et declaravit.. Consilium me-
moratum quod hoc idem quod de tribus articulis vide-
licet homicidio adulterio et murtro dicitur intelligendum est de aliis factis pro quibus debet sequi mors vel
mutilatio membri. et in hiis casibus persone et res erunt
in voluntate Claromontensis episcopi secundum quod in
civitate Claromontensi est usitatum. Et si casus accideret
de quo usitatum non esset. dictus episcopus super illo
faceret quod jus esset. De furtis tamen fiet secundum
bonas consuetudines Montisferrandi. In secundo articulo
qui talis est. Cum autem clamor factus fuerit de aliquo
vel de aliqua dabit nobis fidejussores vel securitatem
sufficientem si poterit. si vero non poterit dare jurabit
se non posse. Et si aliquas res habuerit in civitate eum
eamve super illas res judicabo bona fide. Addidit et declaravit.. Consilium supradictum quod intelligendum est
in querelis catalli et hereditatis et aliis casibus de quibus
mors vel mutilatio membri sequi non debet. Et hoc idem
quod in secundo articulo dictum est intelligendum est
in tertio articulo dicte carte qui talis est. Si etiam ego
vel homines domus meæ propriam querelam contra
quemquam habuerimus nisi magis eligat reus dare cau-
tionem super res suas de querela cognoscam. In quarto
articulo dicte carte qui talis est. Promitto etiam quod
omnia quæ in civitate Claromontensi causa securitatis
missa fuerint in pace et bello secura existent a me et a
meis. nec occasione illius qui mittet nec occasione illius
penes quem mittentur occupabuntur. Et qui ea aportabit

secure quandocumque voluerit reportabit. Addidit et declaravit.. Consilium sepedictum quod hoc intelligendum
est de rebus que ante bellum mittentur in villam. Et nisi
eedem res insequerentur de raubaria vel furto. In quinto
vero articulo qui talis est. Nulli etiam homini qui rapi-
nam vel injuriam fecerit alicui homini de civitate ego nec
aliquis alius ducatum prestabimus scienter infra civita-
tem vel suburbium nisi cum voluntate conquerentis. addidit et declaravit dictum.. Consilium quod intelligendum est. vel nisi vellet stare juri coram episcopo Claromontensi. Hanc autem ordinationem fecit.. Consilium
sepedictum salva voluntate domini patris nostri ut de ea
ordinet prout voluerit cum redierit de partibus transma-
rinis. In cujus rei testimonium presentibus nostrum fe-
cimus apponi sigillum. Actum Parisius anno domini mil-
lesimo ducentesimo quinquagesimo tertio mense junio.

Cette puissance temporelle des évêques de
Clermont alla s'affaiblissant par degrés. Mais
ce fut vers le milieu du xvie siècle, qu'elle
reçut le plus terrible échec, dans l'arrêt du
parlement qui leur enleva le comté de Clermont, pour l'adjuger à Catherine de Médicis.

Depuis cette époque, l'évêque et le chapitre n'avaient conservé sur la ville qu'une
faible autorité. On leur avait laissé seulement
ce qu'en terme de droit féodal, on nommait
le *vol du chapon*, et le tour de l'église cathédrale seul était sous leur juridiction.

Jusqu'en 1800, au-devant de la porte occidentale, était une esplanade qui s'étendait de

25 mètres sur la place dite des Gras, et se terminait par quelques degrés (*gradus*, d'où le nom de la place). 40 mètres au-dessous, était une croix gothique ; il y en avait une autre, à peu près à la même distance de la porte du nord. Là, chaque année, la veille du dimanche des Brandons, le clergé venait processionnellement, à la lueur des flambeaux, assisté d'un notaire en robe de palais, qui dressait l'acte de maintenue de possession. Le notaire qui avait ce privilége, ainsi que celui de passer tous les actes du chapitre, devait aussi, le jeudi-saint, après la cérémonie de la cène, toujours revêtu de sa toge, tenant l'aiguière d'argent, verser l'eau sur les mains de tous les chanoines. Cette cérémonie achevée, on distribuait aux assistants des *michettes*, espèce de petits pains bénits, de la dimension d'une pièce de 5 fr. — La révolution de 1789 a supprimé tous ces usages.

Les armes du chapitre cathédral ressemblaient aux armes de la ville de Clermont, avec lesquelles toutefois il ne faut pas les confondre. La ville et le chapitre portaient d'azur à la croix de gueule, bordée d'or, et entourée de quatre fleurs de lis aussi d'or ; mais ce qui distinguait celles de la cathédrale, c'est que l'écu avait pour cimier l'image de Notre-

Dame en demi-corps, tenant son Fils entre ses bras. On prétend que la ville comme l'Eglise devaient ces armes à saint Louis.

~~~~~~~

Je ne terminerai pas cette Notice, sans faire remarquer que, pour achever le bel édifice qui en est l'objet, sur les plans qui, depuis plus de trois siècles, attendent leur exécution, et doter ce département d'un monument auquel rien ne serait comparable dans plusieurs départements circonvoisins, il suffirait aujourd'hui que chaque contribuable du département du Puy-de-Dôme consentît à donner, ou un dixième de ses impôts d'un an, ou un centième pendant dix ans. *FIAT !*

APPENDICE.

—

ÉTAT DU TRÉSOR,

DES ORNEMENTS ET DE LA BIBLIOTHÈQUE DE L'ÉGLISE CATHÉDRALE, SOUS L'ÉPISCOPAT DE BÉGON.

Vers l'an 1000.

—

BREVE DE THESAURUM *et de omni ornamento sanctæ Mariæ et beatorum martyrum Agricole et Vitalis Claromontis sedis.*

In primis caput aureum. ɪ. cum corona et sceptrum et palma.

Capsas aureas. ɪɪɪ. optimas. et alias. ɪɪ. de auro. majestatem [1] sanctæ Mariæ. ɪ. vestita cum ciborio cum uno cristallo. Textum. ɪ [2]. aureum optimum cum cuisino. et alium textum argenteum cum cuisino [3].

Epistolari. ɪ. Cruces aureas. ɪɪ. optimas et alias duas minores. Crucifixum. ɪ. Lignum domini. ɪɪ. filacteria. ɪ. [4] Tabula. ɪ. devodi. Turibulos. ɪɪ. optimos. et alium minorem. Candelabros vetulos. ɪɪɪɪ. et duos minores de argento que fuerunt Rotberti abbatis. et ipsos habet Bego episcopus.

Candelabros vɪ. argenteos et alio insertito. Tabulas argenteas. v. in circuitu altaris. arcas obtimas. ɪɪ. et scrinios ɪɪ [5]. obtimos.

Calices duos argenteos. cum patenas. et alium majorem quem habet Bego episcopus. tudello. ɪ [6]. quem fuit missus in altare. emdare (emendare).

Fustes. ii. ad cruces portare. Timia materia. i [7].
cumcloqueo. Urceolo. i. cum patena. et hoc fuit raptum
in cloquerio [8].

Clave. i. de argento. Lomos argenteos. v. tres misi-
mus in altare. et scrinio. et duos in cameleria. que fuerunt predicti in galea. et deauratos. ii.

Faldestols. ii [9]. et alium minorem. lectrivo. i [10].
optimo. Concas. iii. *ugo abet* i. eramentias [11].Casublas
optimas. v. cotidianas. ii. *una marcessit* albas adepm
(*ad episcopum*) cum auro. ii. alia cum pallio. et alia linia
optima. et alia de bisso et alias albas xv bonas. † Canones
cum auro. iii. et alium abuit episcopus Bego. et Guilelmus. poeta. et alios. v. Capas xxvii. et de ipsas habuit
Bernardus. *Silvanus* i et Armannus. i. *Bego episcopus*. i. Et
alias v. vetulas. et unam furavit Guillelmus de capella.
Palis optimos xii. ab ipso fundato. et alios. iii. quem
domnus episcopus Stephanus donavit. et quartum abuit.
Bego episcopus. et alium polimite [12].

Super altare sancte crucis pallio i. et alio quem Ugo
dedit. et alios pallios ii. exiguos. Cortinas. ii [13]. de
pallio et alias duas linias. brosdes. iii [14]. spondal
iiii [15]. Corcibals viiii [16] et alios v vetulos.

Camsilos [17] siricos. iii. rocos. iii [18]. siricos *misi-
mus ad signum novum*. Gonfanones xvii [19] Galeas tria
paria. Gantos parias iii. capitale i [20]. cum auro (. . . .
deux mots effacés. . . .) Bancalos. ii [21]. optimos. fusto. i.
cum dextra. schirpa. i. cum auro. Drapo. i. sirico. Toalia. i [22]. sirica Cortinas tres. coisino. i. de pallio.
pallio. i. que fuit Adalais [23]. Dossal. i [24]. † amictos
cum auro. v. optimos et alios amictes cum auro xviiiii.
stolas ab auro. iii. et alias. vi. zonas. ii. aureas. et duas
cotidianas. tunicas. ii. cum auro. dalmaticas vi.

A croella vestimento. i. vestiti.

BREVE DE LIBROS SANCTE MARIE.

In primis Missales. vi.

Lectionarios ii,

Biblioteca. i.

Exposites ii.

Duodecim apostolorum. i.

Passionari i.

Antifonarios. ii. textos ii. cum auro.

Epistolario. i. cum auro.

Antifonarios. ii. ad capuscole exposite. i. super epistolas.
Pauli.

Acollectaneo. i. novo.

Martirilogium et vita canonicorum. i.

Psalterium. i. cum auro. os aureum. i.

Crononica. i. Psalmorum. i. Prophetarum. i.

Canones. iii. Miraculorum. i. Quadragenario. i.

Dialogorum. i. Aetimologiarum. i. Virgilio. i.

Regum. i. super Job. i. Vitas Patrum. i.

Pastoral. i. Decreta pontificum. i. Glosarum. i.

Sunt isti libri supra scripti xl et de alios libros abe-
mus xvi.

Et de istos missales que hic sunt scripti abet Bego episcopus misal. i. a sancto Amandino missale. i. Armannus texto. i.

A sancta Maria principalis. Baldricus. iiii. libros. Aimui-
nus missal. i.

A sancto Genesio collectaneo. i. libro i (*Beda* ou *betla*).

Rotgterius libro. i. Super ecclesiastem Guilelmus libros. ii.

Daniel libros ii. de arte Costantin*us* asin*us* psalterium. i.

N. B. On a imprimé en caractères italiques, quelques mots
ajoutés après coup entre les lignes du texte.

NOTES.

[1] *Maj.*, c'était une image, une statuette de la sainte Vierge, renfermée dans une espèce de niche portative, appelée *ciborium*, et dont la partie antérieure était fermée par un verre, *cum cristallo*.

[2] *Textum*, c'était le livre des Evangiles, écrit quelquefois en lettres d'or, et revêtu d'or ou d'argent, et enrichi de pierres précieuses.

[3] *Cuisino*, *cuissinus*, *cussinium*, *coisinus*, coussin qui se plaçait sous le livre des Evangiles.

[4] *Filacteria*, pour *phylacteria*, filatière, espèce de reliquaire portatif. V. Joinville, édit. de Du Cange, p. 310.

[5] *Scrinios*, *feretrum in quo reliquiæ reconduntur, nostris escrin*. V. Du Cange.

[6] *Tudello*, vase ou ustensile ignoré; peut-être est-ce la même chose que *cutelli*, *cultelli*, couteaux, dit Du Cange. Toutefois, l'usage en est déterminé dans un état semblable à celui-ci, et que l'on conserve dans les mêmes archives, S. A. c. 29, où on lit : *Tudello I de argento ad sacrificium sumere*. Peut-être serait-ce pour *scutella?*

[7] *Timia materia*, lisez *thymiamaterium*, vase où l'on conserve les parfums, l'encens.

[8] *Cloquerio*, *cloquarium*, *clocherium*, clocher. Du C.

[9] Faldestols, *faldistorium*, *faudestola*, *faudestolium*, d'où *faudestuef*, *faudestueil*, et maintenant *fauteuil*.

[10] *Lectrivo*, lutrin.

[11] *Eramentias*, pour *æramentias?* de *æramen*, *æramentum*, de cuivre, de bronze.

[12] *Polimite*, pour *polymitus*, tissu de plusieurs couleurs.

[13] *Cortinas*, cortina est ornamentum ecclesiarum vel tabernaculorum, sicut vela depicta, quæ in lateribus altarium suspenduntur, ne sacerdos aspectu circumstantium confundatur. Du C.

[14] *Brosdes*, *brusdus*, *brudatus*, *brodatus*, brodé. Du C.

[15] *Spondal*, garniture du bord de l'autel.

[16] *Corcibals, cortibaldus, curcinbaldus, curceboldus*, vestis species, dit Du Cange. Courtibault, espèce de dalmatique.

[17] *Camsilos siricos;* camisile, campsilis, vestis species, cadem quæ *alba* seu camisia, vel certe tela quævis linea aut cannabina. Du C. — Aube de prêtre.

[18] Rocos, *rocus, rochus*, de l'allemand *roch*, signifiant *vêtement de dessus*, rochet.

[19] *Gonfanones*, bannières.

[20] *Capitale, pulvinar vel frontale*, Du C. — Coussin, ou bandeau destiné à ceindre le front.

[21] *Bancalos*, tapis destiné à recouvrir les bancs du chœur.

[22] *Toalia*, Gall. *Touaille*, Du C., linge suspendu à un rouleau auprès d'un lieu où l'on se lave les mains, et qui sert à les essuyer.

[23] Dans le second état dont j'ai parlé plus haut, note 6, on lit *et alio pali quem Adelaidis donavit sancti Agricoli.* — Il faut rapprocher de ce passage ce qui a été dit plus haut, p. 48, de la chasuble de S. Bonet.

[24] *Dossal, dossale, dorsale*, panni in choro pendentes à dorso clericorum. Du C.

FIN.

CLERMONT, imprimerie de THIBAUD-LANDRIOT.